AF299187

CATALOGUE

D'UN GRAND NOMBRE

D'ESTAMPES

ANCIENNES & MODERNES

DE TOUTES LES ÉCOLES

GRAVURES FRANÇAISES DU XVIIIe SIÈCLE

Composant la collection de feu M. J.-J. DE HOHENTHURN

(DE VIENNE)

Chevalier de l'Ordre de Léopold II

DONT LA VENTE AUX ENCHÈRES PUBLIQUES AURA LIEU

HOTEL DROUOT, SALLE N° 4

Les Mardi 30 et Mercredi 31 Juillet 1878

A 1 HEURE 1/2 PRÉCISES

Par le ministère de Me FONTAINE, Commissaire-Priseur,

8, rue Cadet,

Assisté de **M. CLEMENT**, Marchand d'Estampes de la Bibliothèque nationale,

3, rue des Saints-Pères.

EXPOSITION PUBLIQUE : *le Lundi* 29 *Juillet* 1878

DE DEUX HEURES A QUATRE HEURES

CONDITIONS DE LA VENTE.

La vente sera faite au comptant.

Les acquéreurs payeront cinq pour cent en sus des enchères.

L'Expert chargé de la vente se réserve la faculté de rassembler ou de diviser les lots.

ORDRE DES VACATIONS

Le Mardi 30 Juillet. . . . . N⁰ˢ 1 à 246

Le Mercredi 31. . . . . 247 à la fin.

Estampes en lots.

Paris. — Typ. PILLET et DUMOULIN, 5, rue des Grands-Augustins.

DÉSIGNATION

ALDEGRAVER (A.).

1. La Vierge debout, 1553 (B. 50). Très-belle épreuve.

2. Le Père sévère, 1553 (B. 72). Bonne épreuve.

3. Mars (B. 76). Belle épreuve.

4. Jean de Leyde (B. 182). — Bernard Knipperdolling, 1536 (B. 183). Deux pièces. Superbes épreuves, mais res-taurées.

ALTDORFER (Albert).

5. La Vierge sur le croissant (B. 11). Très-belle épreuve.

6. La Vierge et sainte Anne (B. 14). Belle épreuve.

7. Saint Christophe (B. 19). Très-belle épreuve.

8. Mutius Scevola (B. 40). Superbe épreuve.

AGRICOLA (Carl.).

9. Monument funèbre d'une princesse autrichienne, d'après Canova. — Paysages et sujets divers. Vingt-six pièces.

10. Quatorze pièces de son œuvre, sujets religieux et pro-fanes, portraits, etc., d'après Raphaël, Poussin, l'Albane, et autres.

AMSLER, AUDOIN, SAINT-AUBIN.

11. Joseph expliquant les songes de Pharaon. — Portraits de Crébillon, Wellington, Aglietti, Duchesse de Berri, etc. Sept pièces d'après Cornélius, Le Moine et autres.

ANDERLONI (P.).

12. Jésus et la Femme adultère. — Moïse et les Filles de Jethro. Deux pièces faisant pendant, d'après le Titien et N. Poussin. Très-belles épreuves avec grandes marges.

13. Attila saisi d'effroi à l'apparition des apôtres saint Pierre et saint Paul. — Héliodore chassé du temple. Deux pièces faisant pendant, d'après Raphaël. Très-belles épreuves à grandes marges.

14. La Vierge, l'Enfant Jésus et saint Jean, d'après le tableau de Raphaël, de la galerie du Belvédère. — La Vierge aux Anges, d'après le Titien. Deux pièces. Belles épreuves.

ANDERLONI (F.).

12. Schiller. — Herder. — La Madeleine. Trois pièces d'après Corrége et Kugelgen.

AUDRAN (B.).

16. Portrait de Corneille Visscher, d'après lui; in-folio. Belle épreuve.

AUDRAN (J.).

17. La Pêche miraculeuse. — La Résurrection de Lazare. — La Présentation au temple. Trois pièces d'après Jouvenet et M. Corneille. Belles épreuves.

AUDRAN (G.).

18. La Peste d'Ægine, d'après Mignard. Très-belle épreuve du deuxième état avec la figure de Junon et avec la première inscription. Rare.

AUDRAN (G.).

19. Martyre de sainte Agnès. — Martyre de saint Laurent. — Ainsi se doit fléchir la colère et l'orgueil. Trois pièces d'après Dominiquin, Le Sueur et N. Poussin. Belles épreuves.

AUDRAN (G.) et G. EDELINCK.

20. Les Batailles d'Alexandre, d'après Ch. le Brun. Suite de cinq estampes. Très belles épreuves. Le Passage du Granique et la bataille d'Arbelles sont du deuxième état, avec la faute au mot peintre écrit pintre.

BALECHOU (J.-J.).

21. Sainte Geneviève, d'après C. Wanloo. Superbe épreuve avant les raies et avant que le jupon soit rallongé.

22. Le Goûté. — Le Mari jaloux. Deux pièces, d'après E. Jeaurat. Très-belles épreuves à toutes marges.

23. La Naissance. — L'Enfance. Deux pièces, d'après Dandré Bardon. Belles épreuves avec marges.

24. La Tempête. — Le Calme. — Les Baigneuses. Trois pièces, d'après Vernet. Belles épreuves.

BARTOLOZZI (F.).

25. La Naissance de Shakespeare. — La Tombe de Shakespeare. Deux pièces faisant pendant, d'après A. Kauffman. Très-rares épreuves avant la lettre, à l'état d'eau-forte.

26. La Tombe de Shakespeare. Très-rare épreuve avant toutes lettres, à l'état d'eau-forte.

27. La Naissance de Shakespeare. Belle épreuve.

28. Jalousie de lord Darnley, mari de Marie Stuart, d'après Cipriani. Très-rare épreuve avant toutes lettres, à l'état d'eau-forte, plus une épreuve avec la lettre. Deux pièces.

BARTOLOZZI (F.).

29. Jeanne Shore introduite au roi Edouard IV, d'après Cipriani. Très-rare épreuve avant toutes lettres, à l'état d'eau-forte.

30. Jeanne Shore introduite au roi Edouard IV. — Le roi Henri II et la belle Rosomonde. Deux pièces, d'après Cipriani. Belles épreuves.

31. Le Départ d'Hector, d'après Cipriani. Très-rare épreuve avant toutes lettres, à l'état d'eau-forte, plus une épreuve avec la lettre. Deux pièces.

32. Le Départ d'Hector. — Le Retour d'Hector. Deux pièces, d'après Cipriani. Très-rares épreuves avant toutes lettres.

33. Adélaïde first seen in the Gardens of Bagnieres. — Lovelace en prison. — La Beauté regardant dans le miroir de la Prudence. — La Mort de Marc-Antoine. Quatre pièces, d'après Cipriani, Kauffman, Rigaud et Bunbury.

34. Vénus endormie, d'après A. Carrache. Très-rare épreuve avant la lettre, plus une épreuve avec la lettre. Deux pièces.

35. Cérès. — Jeune mère avec son enfant. — Cupidon acheté trop cher. — La Vierge à la Chaise, etc. Six pièces, d'après Cipriani, S. Ferrata, Kauffman et Raphaël.

36. Angelica Kauffman, d'après Reynolds. — Maria Cosway, d'après R. Cosway. Deux pièces. Très-belles épreuves.

37. Jeune femme assise, tenant trois enfants nus sur ses genoux. Belle épreuve.

38. Dessin d'un éventail avec ornements, figures de femmes et d'amours. Très-rare épreuve à l'eau-forte.

BARTOLOZZI (F.).

39. La Circoncision. — Didon. — Clytie. —Vénus et l'Amour.
— Jésus et la Femme adultère, etc. Six pièces, d'après
Carrache, L. Giordano, Cipriani et Guerchin. Belles
épreuves.

40. La Vierge au Sac. — Le Repos en Egypte. Deux pièces,
d'après A. del Sarte et N. Poussin. Très-belles épreuves
avant la lettre.

41. Lord Heathfield. — Lord Turlow. — Marie Stuart. Trois
pièces, d'après Poggi, Reynolds et F. Zuccheri. Belles
épreuves.

42. La Mort de lord Chatham, d'après Copley. Très-belle
épreuve avec le trait explicatif.

43. Études et sujets divers, gravés d'après les dessins de
Cortona, C. Maratte, Castiglione, Guerchin et autres.
Trente-quatre pièces.

BARTSCH (A.).

44. Funérailles d'un Empereur romain, d'après Rubens.
Grande estampe en largeur. Très-belle épreuve avant la
lettre.

45. Douze pièces de son œuvre, d'après Guerchin, Dietricy,
Courtois, Rubens et Jordaens. Belles épreuves.

46. Études diverses, d'après différents peintres flamands et
italiens. Quatorze pièces.

BAUSE (J.-F.)

47. Portraits allemands et russes, sujets d'après Reynolds,
religieux et sujets de genre. Trente-huit pièces. Plusieurs
sont avant la lettre.

48. Études diverses, Portraits, etc. Vingt et une pièces.

BAUSE (J.-F.).

49. Portraits de poëtes et autres célébrités allemandes. Trente-neuf pièces, d'après différents maîtres. Très-belles épreuves.

BEAUVARLET (J.-F.).

50. La Chaste Suzanne, d'après Vien. Rare épreuve avant toutes lettres, plus une épreuve avec la lettre. Deux pièces.

51. La Sultane. — La Confidence. Deux pièces faisant pendant, d'après C. Vanloo. Très-belles épreuves. La première est avant la lettre.

52. Conversation espagnole. — Lecture espagnole. Deux pièces faisant pendant, d'après C. Vanloo. Très-belles épreuves. Toutes marges.

53. L'Eplucheuse de Salade, d'après Jeaurat, très-belle épreuve. Grande marge.

54. Toilette pour le Bal, d'après de Troy. Belle épreuve avec marge.

55. L'Enlèvement d'Europe, d'après Luca Giordano. Belle épreuve.

56. L'Histoire d'Esther, d'après de Troy. Suite de sept pièces en largeur. Très-belles épreuves avec marges.

57. Le Comte d'Artois et mademoiselle Clotilde assise sur une chèvre, d'après Drouais. Très-belle épreuve avec marge.

58. Les Fils du duc de Bethune s'amusant à faire jouer un chien sur une guitare, d'après Drouais. Belle épreuve.

59. Molière (J.-B. Poquelin de), d'après Bourdon. In-fol. Belle-épreuve.

BEGA (C.).

60. Sujets divers. (B. 12, 13, 20, 21 et 31). Cinq pièces. Belles épreuves.

BEHAM (H.-S.).

61. Trajan (B. 82). — La Fortune contraire (B. 141), portraits gravés sur bois. Quatre pièces.

BELLA (Sᵃ della).

62. Vingt-quatre pièces de son œuvre, parmi lesquelles se trouve le Reposoir. Belles épreuves.

BENEDETTI, BERNARD, BURGER, etc.

63. Saintes Familles. — Sujets de genre. — Martyre de saint Etienne, etc. — Onze pièces d'après Titien, Raphaël, C. Dolci, Fendi, Waldmüller, Burger et autres.

BERVIC (Cu.-Cl.).

64. L'enlèvement de Déjanire. — L'Education d'Achille. Deux pièces d'après Guido Reni et Regnault. Belles épreuves.

65. Louis Seize, d'après Callet. Très-belle épreuve avant la déchirure ; elle porte la signature de Bervic.

66. Meilhan (Gabriel Sénac de), d'après Duplessis. Superbe épreuve avant la lettre, plus une épreuve avec la lettre. Deux pièces.

BERVIC et GUÉRIN.

67. L'Innocence, d'après Mérimée. — L'Amour désarmé, d'après le Corrége. Deux pièces. Belles épreuves.

BETTELINI (P.).

68. La Vierge aux Candélabres et autres Saintes Familles, d'après Raphaël, Luini, Allori et le Corrége. Quatre pièces. La première est avant la lettre.

BLOOTELING et BLŒMAERT.

69. Nymphes au bain. — La Vierges aux Lunettes. — Portrait de Flinck. Trois pièces d'après Bloemaert Van Neck et Zyll. Belles épreuves.

BOHM (W.).

70. Son Œuvre composé de 165 pièces, d'après différents maîtres.

BOISSIEU (J.-J. de).

71. Les Grands Charlatans. — Le Maître d'école. — Entrée d'une forêt, etc. Cinq pièces.

BOLSWERT (Schelte A.).

72. Le Jugement de Salomon, d'après Rubens. Superbe épreuve.

73. Sainte Anne apprenant à lire à la sainte Vierge, d'après Rubens. Très-belle épreuve avec l'adresse de Martin Vanden Enden. Elle est doublée.

74. Le Mariage de la Vierge, d'après Rubens. Superbe épreuve avant la lettre.

75. La Grande Pêche miraculeuse, d'après Rubens. Superbe épreuve.

76. Les Quatre Evangélistes. — Les Pères de l'Eglise et sainte Claire au milieu d'eux, tenant le Saint-Sacrement. Deux pièces d'après Rubens. Superbes épreuves, une est rémargée.

77. La Vierge tenant l'enfant Jésus sur ses genoux. — La Marche de Silène. — Jésus célébrant la cè.e. Trois pièces d'après Van Dyck et Rubens. Belles épreuves.

78. La Chasse au Lion. — Le Serpent d'airain. Deux pièces d'après Rubens. Belles épreuves.

BOLSWERT (Schelte A.).

79. Le Christ à l'Éponge. — Le Couronnement d'épines. Deux pièces d'après Van-Dyck. Belles épreuves.

80. Pan, jouant de la flûe champêtre.— Jupiter et la chèvre Amalthée. Deux pièces d'après Jordaens. Belles épreuves avant les numéros.

BOLSWERT (S. et B.).

81. Le Concert. — La Nativité. — Le Reniement de saint Pierre. — Portrait d'un Ermite. Quatre pièces d'après Jordaens, Segers et Bloemaert.

BONASONE, CORT et CARRACHE.

82. Sujets religieux et profanes, portraits etc., neuf pièces. Anciennes épreuves.

BOSCOLO et BEYER.

83. La Fornarina. — L'Odalisque. — Romulus et Remus, etc. Sept pièces d'après Perger, Binder, Gianetti, Raphaël et Longhi. Belles épreuves.

BOUCHER (D'après François).

84. La Mort d'Adonis, par M. Aubert. Très-belle épreuve avec toute sa marge.

85. Naissance de Bacchus. — Enlèvement d'Europe. Deux pendants gravés par Aveline. Très-belles épreuves avec marge.

86. Vénus sur les eaux, par P.-E. Moitte. Belle épreuve.

87. Vénus donnant du nectar à l'Amour, par F. Basan. Superbe épreuve à toute marge.

88. La Baigneuse surprise, par J. Daullé. Belle épreuve à toute marge.

BOUCHER (D'après FRANÇOIS).

89. Le Trait dangereux, gravé par Poletnich. Très-belle épreuve. Toute marge.

90. L'Amour désarmé, par Et. Fessard. Très-belle épreuve à toute marge.

91. La Belle Villageoise. — La Naissance d'Adonis. — La Mort d'Adonis. Trois pièces gravées par Surugue, Scotin et Soubeyran. Très-belles épreuves avec marge.

92. La Belle Cuisinière, par Aveline. Très-belle épreuve avec marge.

93. La Marchande de Modes, par Gaillard. Très-belle épreuve avec marge.

94. Les Charmes du printemps. Les Amusements de l'hiver. — Les Plaisirs de l'été. — Les Délices de l'automne. Suite de quatre estampes, gravées par Daullé. Très-belles épreuves, une à toute sa marge.

95. La Musique pastorale, par J. Daullé. Belle épreuve remargée.

BRIDOUX (A.).

96. La Vierge dite Aldobrandini, d'après Raphaël. Très-belle épreuve.

BRY (J.-Th.).

97. L'Age d'or, d'après Bloemaert. Belle épreuve.

98. Le Passage de la mer Rouge (M. 1). Très-belle épreuve du premier état.

CALLOT (J.).

99. Le Massacre des Innocents (M. 5 et 6). Première et deuxième planches. Belles épreuves.

100. Les Martyrs du Japon (155). Belle épreuve.

CALLOT (J.).

101. La Tentation de saint Antoine (M. 139). Très-rare épreuve du premier état.

102. Les Grandes Misères de la guerre. Suite de dix-huit estampes (564-581). Très-belles épreuves du deuxième état, avec l'adresse de Silvestre et le privilége.

103. La Carrière ou la Rue-Neuve de Nancy (621). Très-belle épreuve du premier état.

104. Les Deux Grandes Vues de Paris (M. 713-714). Belles épreuves.

105. Les Supplices (665). Superbe épreuve.

106. L'Éventail. — La Foire de Florence. — Le Benedicité, etc. Cinq pièces.

CANALETTI (A.).

107. Vues de Venise. Onze pièces. Belles épreuves.

CHEREAU (F.).

108. Detleu Von Dehn (Conrad), homme d'État allemand, d'après Rigaud. Très-belle épreuve avec marge.

109. Gondrin (Louis-Antoine de Pardaillon de), duc d'Antin, d'après Rigaud. Très-belle épreuve avec marge.

110. Largillière (Nicolas de), d'après Largillière. In-fol. Belle épreuve.

111. Renaudot (Eusèbe), de l'Académie française, d'après Ranc, Louis de Boullongne. Deux portraits in-fol. Belles épreuves.

CHODOWIECKI (D.-N.).

112. Le Cabinet d'un peintre, scène d'intérieur représentant l'artiste dans son atelier au milieu de sa famille. Très-belle épreuve. Rare.

CHODOWIECKI (D.-N.).

113. Frédéric le Grand à table. — Frédéric le Grand au milieu de ses amis. Deux très-grandes pièces en largeur. Superbes épreuves avant toutes lettres, à toutes marges.

114. — Son OEuvre composé de 403 pièces, portraits, pièces historiques, vignettes pour Don Quichotte, Gil Blas, pour les œuvres de Rousseau, petits sujets pour illustration d'Almanachs du xviiie siècle. Réunion très-rare, en épreuves superbes dont beaucoup sont avant la lettre.

CLAESSENS (L.-A.).

115. La Descente de croix, d'après Rubens. Très-belle épreuve avec marge.

116. La Femme hydropique, d'après Gérard Dow. Très-belle épreuve avant la lettre, lettres tracées.

117. Bourgeoisie armée d'Amsterdam 1642, d'après Rembrandt. Belle épreuve avant la lettre, lettres tracées.

COYPEL (D'après Ch.).

118. Histoire de Don Quichotte. Suite de 25 estampes in-fol. gravées par Cochin, Surugue, Tardieu, Ravenet et autres. Très-belles épreuves avec marges.

CRANACH (L.).

119. Martin Luther (B. 150). Ancienne épreuve.

CUNEGO (D.).

120 La Fuite en Égypte, d'après Dietricy. Très-belle épreuve.

DAULLÉ (J.).

121. La Riboteuse hollandaise. — La Peleuse de pommes. Deux pièces d'après Metzu. Très-belles épreuves avec marges.

DESNOYERS (Baron A.-B.).

122. La Vierge aux rochers, d'après L. de Vinci. Très-belle épreuve avec le cachet à deux têtes.

123. La Vierge au donataire, dite de Foligno, d'après Raphaël. Superbe épreuve avec le cachet à deux têtes.

124. La Vierge au linge, d'après Raphaël. Très-belle épreuve, marge.

125. La Vierge au Poisson, d'après Raphaël. Très-belle épreuve, marge.

126. La Vierge à la Chaise, d'après Raphaël. Très-belle épreuve, marge.

127. Bélisaire, d'après Gérard. Très-belle épreuve avec le cachet à deux têtes.

DESPLACES et DUCHANGE.

128. Jésus guérissant les malades. — Jésus chez Simon le Pharisien. — Jésus chassant les vendeurs du Temple. — La Résurrection du Fils de la veuve de Naïm, etc. Cinq pièces d'après Jouvenet et P. Véronèse. Belles épreuves.

DIETRICY (Ch.-W.-E.).

129. Vingt-quatre pièces de son œuvre en très-belles épreuves.

DORIGNY (N.).

130. Les Cartons d'Hamptoncourt. Suite de sept estampes d'après Raphaël. Belles épreuves.

DREVET (P.).

131. Beauveau (R. Fr. de), archevêque de Narbonne, d'après H. Rigaud. Belle épreuve.

132. Cotte (Robert de), architecte, d'après Rigaud. Très-belle épreuve avant le mot architecte.

DREVET (P.).

133. Louis XIV, à mi-corps, d'après Rigaud. — Louis XIV, en pied et manteau royal, d'après Rigaud. Deux portraits. Belles épreuves.

134. Louis XV, en pied, d'après Rigaud. Superbe épreuve avec marge.

135. Louis XV, en buste, d'après Rigaud. Belle épreuve.

136. Louis-Alexandre de Bourbon, comte de Toulouse, d'après Rigaud. Très-belle épreuve du premier état, avec deux ancres dans les armes.

137. Maria Serre, mère de H. Rigaud, d'après Rigaud. Belle épreuve.

DREVET (P.-J.).

138. Rebecca recevant les présents des mains d'Éliézer, d'après Coypel. — Présentation de l'enfant Jésus au Temple, d'après L. de Boullongne. — La Résurrection de Jésus-Christ, d'après Andray. Trois pièces. Belles épreuves.

139. Bernard (Samuel), fameux financier, d'après Rigaud. Belle épreuve.

140. Bossuet (Jacques-Benigne), d'après H. Rigaud. Très-belle épreuve.

141. Dubois (le cardinal Guillaume), d'après Rigaud. Très-belle épreuve.

142. Lecouvreur (Adrienne), d'après Ch. Coypel. Belle épreuve.

DREVET (CL.).

143 Vintimille (Ch. G. G. de), archevêque de Paris, d'après Rigaud. Belle épreuve.

144. Zinzendorf (Phil.-Louis, comte de), homme d'État allemand, d'après H. Rigaud. Belle épreuve.

DROUAIS (D'après François).

145. Les Enfants du Roi de Sardaigne, par Melini. Très-belle épreuve.

DURER (Albert).

146. Adam et Ève (B. 1). Très-belle épreuve, doublée.

147. L'Enfant prodigue (B. 28). Belle épreuve.

148. La Vierge à la couronne d'étoiles et au sceptre (B. 32). Belle épreuve remargée.

149. La Vierge couronnée par un ange (B. 37). Très-belle épreuve.

150. Saint Jérôme dans sa cellule (B. 60). — L'Enlévement d'Amymone (B. 71). Deux pièces. Bonnes épreuves.

151. Saint Christophe à la tête retournée (B. 51). — Saint Christophe (B. 52). — Deux pièces. Belle épreuve.

152. L'effet de la jalousie (B. 73). Très-belles épreuves.

153. Bilibald Pirckheimer (B. 106). — Ph. Mélanchton (B. 103). Frédéric, électeur de Saxe (B. 104). Trois pices. Belles épreuves.

154. Le Cheval de la Mort. — La Mélancolie. Deux belles copies.

155. La Passion de Jésus-Christ, suite de douze estampes (B. 4-15) des gravures sur bois. Belles épreuves sans texte.

DYCK (Ant. Van).

156. Le Titien et sa maîtresse. Bonne épreuve.

EARLOM et PETHER.

157. The Misers, d'après Matsis. — Le Rabbin juif, d'après Rembrandt. Deux pièces, la seconde est avant la lettre. Très-belles épreuves.

EDELINCK (G.).

158. Sainte Famille, d'après Raphaël (R. D. 4). — Sainte
Famille, d'après Charles Le Brun (R. D. 8). Deux pièces.
Belles épreuves.

159. Sainte Madeleine, d'après Charles Le Brun (R. D. 32).
Très-belle épreuve du troisième état avant l'adresse de
Drevet.

160. La Famille de Darius aux pieds d'Alexandre, d'après
P. Mignard (R. D. 43). Très

161. Combat de quatre cavaliers, d'après Léonard de Vinci
(R. D. 44). Belle épreuve.

162. Champaigne (Philippe de), peintre du roi et recteur de
l'Académie royale de peinture (R. D. 164). Belle épreuve
du premier état.

163. Desjardins (Martin Vanden Bogaert, connu en France
sous le nom de), célèbre sculpteur, d'après Rigaud (R. D.
182). Belle épreuve avant l'adresse de Drevet.

164. Le Brun (Charles), premier peintre du roi, d'après Largillière (R. D. 238). Deux belles épreuves.

165. Montarsis (Pierre de) (R. D. 277). — Raimond Poisson,
célèbre comédien (R. D. 299). — François Tortebat, peintre
et graveur (R. D. 328). Trois pièces. Belles épreuves.

166. Rigaud (Hyacinthe), célèbre peintre (R. D. 303). Très-
belle épreuve avec marge.

ERNST, EICHENS, EILERS.

167. Sujets historiques et religieux. Portraits, etc. Huit
pièces d'après Schwind, Kaulbach, Pesne et Begas. Deux
sont avant la lettre.

FELSING (J.).

168. La sainte Vierge avec l'enfant Jésus, sainte Élizabeth et le petit saint Jean, d'après Overbeck. Très-belle épreuve.

169. Moïse exposé sur le Nil. — Jésus saisi par les Juifs. — Jérémie sur les ruines de Jérusalem. Trois pièces d'après Kohler, Hofman et Bendeman. Belles épreuves.

170. La Poésie et l'Amour. Geneviève de Brabant dans la forêt. — La Jeune fille à la fontaine. Trois pièces d'après Kaulbach. Steinbruck et Bendeman. Belles épreuves.

FESSARD (Étienne).

171. Feste flamande, d'après Rubens. Belle épreuve.

FICQUET (Étienne).

172. Pierre Corneille, d'après C. Le Brun. Très-belle épreuve.

173. René Descartes.—J.-B. Rousseau. — Fénelon. Trois portraits, d'après Hals, Aved et Vivien. Belles épreuves.

174. Lafontaine (J. de), d'après Rigaud. Très-belle épreuve au ruisseau blanc, avec marge.

175. Montaigne. — Crébillon et Regnard. Trois portraits d'après Dumonstier, Aved et Rigaud. Belles épreuves.

176. Mme de Maintenon, d'après Mignard. Belle épreuve.

177. J.-J. Rousseau. — F.-M. Arouet de Voltaire. Deux portraits d'après de La Tour. Très-belles épreuves.

178. Portraits publiés dans la suite d'Odieuvre. Huit pièces. Belles épreuves avec l'adresse.

FORSTER (François).

179. Albert Durer. — A. de Humboldt. Deux portraits d'après Durer et Steuben. Belles épreuves.

FROMMEL, FALKEISEN et FISCHER.

180. Paysages. — La mort du général Wolff, d'après West.— Jésus au Temple, d'après Ribera, etc. Quatre pièces.

GALLE (C.).

181. Saint Jérôme et les pères de l'Église, d'après Rubens. Belle épreuve.

182. Judith qui coupe la tête à Holopherne. — Judith qui met la tête d'Olopherne dans un sac. Deux pièces d'après Rubens. Belles épreuves.

GALLE (C.) et WAUMANS.

183. Adoration des rois. — Descente de croix. — Jésus-Christ mort sur les genoux de la Vierge. — L'Enfant Jésus et saint Jean jouant avec un agneau, etc. Cinq pièces d'après Rubens. Belles épreuves.

GANDOLFI (M.).

184. Saint Jérôme, d'après le Corrége. — La Vierge avec l'enfant Jésus et saint Jean, d'après Guido Reni. — La Vierge et l'Enfant, d'après C. da Sesto, par Geniani. Trois pièces.

GARAVAGLIA (G.).

185. La Vierge à la chaise, d'après Raphaël. — Sainte Famille, d'après Raphaël. — Agar et Ismaël dans le désert, d'après Baroche. Trois pièces. Belles épreuves.

GELÉE (Claude).

186. Le Temps. Apollon et les Saisons (R. D. 20). Très-belle épreuve du premier état.

GMELIN et GUNTHER.

187. Paysages d'après Claude Gelée, Ruisdaël et Diétricy. Quatre pièces. Belles épreuves.

GOLTZIUS (H.).

188. Les Chefs-d'œuvre, suite de six estampes (B. 15-20). Très-belles épreuves du deuxième état avec les numéros et l'adresse de N. Visscher.

189. Le Massacre des Innocents (B. 23). Très-belle et rare épreuve du premier état, avant toute adresse.

190. La Vierge pleurant sur le corps de Jésus-Christ, d'après Albert Dürer (B. 41). Superbe épreuve.

191. Le Fils du peintre Théod. Frisius, estampe connue sous le nom du chien de Goltzius (B. 190). Belle épreuve, mal conservée.

192. Portraits de Noël de La Faille, célèbre commandant au siége d'Anvers, 1588. — Cornelia Capellen, sa femme (B. 212 et 213). Très-belles épreuves.

193. L'Adoration des bergers. — Pièce de la Passion. Portraits et sujets divers. Neuf pièces.

GONZENBACH (C.).

194. Les Trois Vertus théologales, d'après Schnorr. — Allégorie sur Schiller, d'après Kaulbach. Deux pièces. Belles épreuves.

GOUDT (H.).

195. Cérès cherchant sa fille. — Tobie et l'Ange. — Jupiter et Mercure chez Philémon et Baucis. Trois pièces. Belles épreuves.

GREEN (V.).

196. Jésus bénissant les enfants, d'après West. Belle épreuve.

197. La grande descente de croix. — La Visitation et la Présentation au Temple, suite de trois estampes d'après le tableau de Rubens. Superbe épreuve.

GUTTENBERG (H.).

198. Le Baptême de l'eunuque. — Dernières paroles de J.-J. Rousseau. — Danse flamande. — Résurrection de Lazare. — Retour de l'enfant prodigue, sujets de Vierge par Gleditsch. Neuf pièces d'après Moreau le jeune, Van-Mol, Rembrandt, Dietricy, Guido Reni et autres. Belles épreuves.

199. Vénus et l'Amour couchés dans un jardin, charmante petite pièce dans une bordure ovale, d'après Mme Le Sueur. Superbe épreuve avant la lettre.

HALDENWANG (CHRISTIAN).

200. Paysages d'après Claude Gelée. Suite de quatre estampes.

HESS (Ch.).

201. Le Charlatan, d'après Gérard Dow. — L'Assomption de la Vierge, d'après Guido Reni. — La Sainte Famille, d'après Raphaël. — Portrait de Gœthe. Quatre pièces.

HOFEL et HOFFMAN.

202. W.-A. Mozart. — Le Christ descendu de la Croix, d'après A. del Sarto. — Joseph reconnu par ses frères, d'après Cornelius, etc. Cinq pièces. Belles épreuves.

HOGARTH (W.).

203. Projet de descente des Français en Angleterre. — Les Anglais faisant bonne chaire en attendant la descente. — Avant et après, etc. Sept pièces. Très-belles épreuves.

204. Dix Cahiers renfermant soixante et une pièces de son œuvre.

HOLLAR (W.).

205. Les Saisons. Suite de quatre estampes. Belles épreuves.

206. Albert Durer, d'après lui-même. Belle épreuve.

HOLLAR (W.).

207. Portrait du père d'Albert Durer, d'après Durer. Très-belle épreuve.

208. Raphaël. — Hollar. — Etudes de lions et d'animaux divers. Sept pièces d'après Raphaël, Durer, etc. Belles épreuves.

HOPFER, EVERDINGEN, HOLLAR et autres.

209. Saint-Christophe. — Paysages. — Esther devant Assué-rus. — Descente de Croix, d'après Rubens, etc. Treize pièces.

IESI, JANSFEN et JAZET.

210. Agar renvoyée par Abraham. — Judith et Holopherne. — Sujet allégorique sur Luther. Trois pièces d'après Ver-net, Guerchin et Lefsing.

INGOUF et HOUBRAKEN.

211. J.-G. Wille, célèbre graveur. — J.-J.-Rousseau. — Cromwell. — Houbraken, etc. Huit pièces. Belles épreu-ves.

IODE (P. de).

212. La Nativité. — Saint François adorant l'enfant Jésus. — Jésus chez Nicodème. — Saint Martin guérissant un pos-sédé. Quatre pièces d'après Jordaens et Seghers. Belles épreuves.

KELLER (J.).

213. Roland délivrant la princesse Isabelle de Gallicie, d'après Hübner. — La Vierge et l'Enfant Jésus, d'après Deger. — La Mort de l'Empereur Frédéric Barbarossa, d'après Rethel. Trois pièces. Belles épreuves.

KILIAN (L.).

214. Portrait d'Albert Durer, représenté debout sous un riche portique. Deux épreuves.

KLAUBER et KRUGER.

215. Petit Ecolier de Harlem. — La Vierge et l'Enfant Jésus. Ecce Homo. — Sujets de la Galerie de Dresde. Sept pièces d'après Poelemburg, Netscher, Cimignani, Guido Reni et F. Bol.

KLAUBER (J.-S.).

216. Rostopsin (le Comte de), d'après Tenci. — J. F. Bause, d'après Graff. Deux portraits in-fol. Belles épreuves.

217. Portrait de la femme de F. Mieris, d'après Mieris. Trois épreuves, dont une avant toutes lettres, une avec les armes et avant la dédicace et une avec la lettre. Très-belles épreuves avec marges.

KLEIN et KRETHLOW.

218. Etudes diverses gravées à l'eau-forte. Onze pièces.

KNOLLE.

219. Otello. — Les Enfants d'Edouard IV. — Deux pièces d'après Hildebrandt. Très-belles épreuves, dont une avant la lettre.

LAFONTAINE (Pièces pour illustrer les Contes de).

LANCRET (D'après).

220. Les Remois, par de Larmessin. Très-belle épreuve. Cette pièce, ainsi que les suivantes, sont avant l'adresse de Buldet.

221. On ne s'avise jamais de tout, par de Larmessin. Très-belle épreuve avec marge.

222. A Femme avare Galant escroc, par de Larmessin. Très-belle épreuve avec marge.

223. Les Deux Amis, par de Larmessin. Très-belle épreuve.

224. La Servante justifiée, par de Larmessin. Très-belle épreuve avec marge.

225. Le Petit Chien qui secoue de l'argent et des pierreries, par De Larmessin. Très-belle épreuve.

226. Les Oyes de Frère Philippe, par de Larmessin. Très-belle épreuve.

227. Le Faucon, par de Larmessin. Très-belle épreuve avec marge.

228. Le Gascon puni, par de Larmessin. Très-belle épreuve avec marge.

BOUCHER (D'après F.).

229. Le Magnifique, par de Larmessin. Très-belle épreuve avec marge.

230. Le Calendrier des Vieillards, par de Larmessin. Très-belle épreuve avec marge.

231. Le Fleuve Scamandre, par de Larmessin. Très-belle épreuve avec marge.

PATERRE (D'après).

232. Le Baiser donné. — Le Baiser rendu. Deux pièces gravées par Fillœul. Très-belles épreuves à toutes marges.

233. Le Savetier, par Fillœul. Très-belle épreuve avec marge.

234. Le Cocu battu et content, par Fillœul. Très-belle épreuve à toute marge.

235. Le Glouton, par Fillœul. Superbe épreuve à toute marge.

236. La même estampe. Très-belle épreuve avec marge.

VLEUGHELS (D'après le chevalier).

237. Le Villageois qui cherche son Veau, par de Larmessin. Très-belle épreuve avec marge.

238. La Jument du compère Pierre, par De Larmessin. Très-belle épreuve avec marge.

LANCRET (D'après N.).

239. Le Jeu de Collin-Maillard, par C. N. Cochin. Superbe épreuve avec marge.

240. Repas Italien, par J.-P. Le Bas. Superbe épreuve avec marge.

241. Le Moulin de Quinquengrogne, par Elisabeth Cousinet. Superbe épreuve à toute marge. Rare.

242. La Musique Champêtre, par Fessard. Très-belle épreuve avec toute sa marge.

243. Le Maître galant, par J.-P. Le Bas. Superbe épreuve avec toute sa marge.

244. Le Jeu de Cache-Cache Mitoulas, par de Larmessin. Très-belle épreuve avec marge.

245. Le Matin, par de Larmessin. Belle épreuve.

LANCRET (D'après N.).

246. La Belle Grecque. — Le Turc amoureux. Deux pièces par Schmidt. Belles épreuves.

LARMESSIN (N. de).

247. Louis, dauphin de France, in-fol. en pied, d'après Tocqué. Superbe épreuve avec toute sa marge.

LE CLERC (Sébastien).

248. Plantation de Mai dans la cour des Gobelins. — L'Académie des Sciences et des Beaux-Arts. — Les Juifs dans le Désert. Trois pièces.

249. Les Batailles d'Alexandre et la galerie de l'hostel royal des Gobelins. Suite de six estampes. Très-belles épreuves.

LEMPEREUR et LE BAS.

250. Sacrifice au dieu Pan. — Bacchus et Ariâne. — L'Enlèvement d'Europe. — Les Sangliers forcés. — Le Jardin d'Amour. Cinq pièces d'après J.-B.-M. Pierre, Rubens et Wouvermans. Très-belles épreuves avec marges.

LENFANT (J.).

251. Portrait de N. Blasset, célèbre architecte. In-fol. Très-belle épreuve.

LEYDE (Lucas de).

252. Abraham renvoyant Agar (B. 18). — Pyrame et Thisbé (B. 135). — Le Chirurgien (B. 155). Le Musicien (B. 155), etc. Cinq pièces.

253. La Conversion de saint Paul (B. 107). Belle épreuve.

LIVENS (J.).

254. Juste Vondel (Cl. 56). Très-belle épreuve avec l'adresse A. de Vees.

LONGHI (G.).

255. La Madeleine dans le désert, d'après le Corrège. Très-belle épreuve.

256. Le Repos en Égypte. — La Mise au Tombeau. — Martyre d'un saint. Trois pièces d'après Procacino, Crespi et Dow.

257. Saint Joseph tenant l'enfant Jésus dans ses bras, d'après Guido Reni. Très-belle épreuve avant la lettre.

258. Portrait de François Ier, empereur d'Autriche. — Le prince Eugène. — Napoléon Ier. Portraits d'après Rembrandt et autres. Neuf pièces.

LUDY, LANGE, LUEDERITZ, LANGER, etc.

259. Compositions religieuse et allégoriques. Huit pièces d'après Mintrop, Rubens, Schnorr, Lessing et Riédel.

LUTZ (P.).

260. La Madone de Saint-François, d'après le Corrège. Très-belle épreuve.

MANDEL (Ed.).

361. La Madonna Colonna, d'après Raphaël. — La Madonna del Lago, d'après L. de Vinci. — La Veuve, d'après L. Robert. Trois pièces. Belles épreuves.

262. Le Petit Pâtre italien, d'après L. Pollack. Très-belle épreuve portant la signature de Mandel.

263. Portrait de Van Dyck, d'après Van Dyck. Belle épreuve.

MANSFELD (J. Er.).

264. Marie-Thérèse-Charlotte, fille de Louis XVI. Très-joli portrait in-8, gravé à Vienne. Belle épreuve.

MANSFELD, DE MARCENAY et MULLER.

265. Jeanne d'Arc. — Sully. — La Fleuriste. — Testament d'Eudamidas, etc. Onze piéces.

MANTEGNA (ANDREA).

266. La Flagellation (B. 1). Très-belle épreuve.

267. Combat de dieux Tritons. — Combat de dieux marins (B. 17 et 18). Épreuves postérieures.

MARCK (Q.).

268. Cléopâtre qui montre à Auguste le buste de Jules César. — Hérodiade. — Suzanne avec les Vieillards. — Diogène et Alexandre. — Portrait de l'empereur Napoléon Ier, etc. d'après Rubens, Van Tulden et autres. Une pièce est avant la lettre.

269. Cléopâtre qui montre à Auguste le buste de Jules-César, d'après Battoni. — Vieillard offrant des Bijoux à une jeune Femme, d'après Braun. Deux pièces. Très-belles épreuves avant la lettre. La seconde a toute sa marge.

MARTINET (ACHILLE).

270. Le Sommeil de Jésus, d'après Raphaël. Très-belle épreuve.

MARTINET (ACHILLE et ALPHONSE).

271. Le Comte d'Egmont, d'après Galait. — Jeune Enfant dans un berceau, d'après Meyer. Deux pièces.

MASSAU (F.-P.).

272. L'Adoration des Mages. Grande pièce en largeur. Belle épreuve.

MASSON (ANTOINE).

273. Masson (Antoine), célèbre graveur (R. D. 1). Très-belle épreuve.

MASSON (Antoine).

274. Les Disciples d'Émaus, d'après le Titien (R. D. 5). Bonne épreuve.

275. Brisacier (Guillaume de), d'après Mignard (R. D. 15). Belle épreuve.

276. Colbert (Jean-Baptiste) (R. D. 18). Très-belle épreuve.

277. Cureau de la Chambre (Marin), d'après Mignard (H. D. 24). Très-belle épreuve du premier état.

278. Dupuis (Pierre), peintre de fleurs, d'après Mignard (R. D. 25). Très-belle épreuve.

279. Guise (Marie de Lorraine de), princesse de Joinville (R. D. 32). Très-belle épreuve avant le lapin.

280. La même estampe. Belle épreuve avec le lapin.

281. Harcourt (Henri de Lorraine, comte d'), d'après Mignard. Tres-belle épreuve avant le N° 4.

282. Le même portrait. Belle épreuve avec le N° 4.

283. Louis XIV, roi de France, d'après le Brun (R. D. 43). Belle épreuve.

284. Marin de la Châtaigneraye (Denis), secrétaire du roi (R. D. 50). Très-belle épreuve.

285. Ormesson (Olivier Le Fèvre d'), conseiller au Parlement de Paris et maître des requêtes (R. D. 58). Superbe épreuve.

286. Turgot de Saint-Clair (Antoine), maître des requêtes (R. D. 63). Très-belle épreuve.

MAYER (Chr.).

287. Agar et Ismaël dans le désert, sujets divers. Trois pièces d'après Rahl et le Corrége.

MERZ (H.).

288. La Destruction de Jérusalem, d'après Kaulbach. Très-belle épreuve avant la lettre. Chine.

289. Le Jugement dernier. — Claire et Egmont. — La Maison de fous. Trois pièces d'après Cornélius et Kaulbach.

MORGHEN (Raphael).

290. La Cène, d'après L. de Vinci. Très-belle épreuve avec la virgule effacée.

291. La Transfiguration, d'après Raphaël. Superbe épreuve.

292. La Vierge à la chaise, d'après Raphaël, Belle épreuve.

293. Parce Somnum rumpere, d'après Titien. Belle épreuve.

294. La Vierge et l'Enfant Jésus, d'après Rubens. — Le Repos en Égypte, d'après N. Poussin. — La Madonna col Bambino, d'après A. del Sarto. Trois pièces.

295. La Madeleine en pénitence, d'après Murillo. — Saint Jean dans le désert, d'après Guido Reni. — La Peinture et la Poésie, d'après Hamilton. Quatre pièces. Belles épreuves.

296. La Jurisprudence, d'après Raphaël. Très-belle épreuve.

297. Le Marquis de Moncade, d'après Van Dyck. Superbe épreuve avant les contretailles sur la cuirasse.

298. Le Tasse, d'après Ermini. — Demenica Volpato Morghen, d'après Kauffmann. Deux pièces. Belles épreuves.

MULLER (J.).

299. Ambroise Spinola, d'après Miereveit. Belle épreuve.

MULLER (J. G.).

300. Loth et ses filles. — Alexandre vainqueur de soi-même. — La Vierge et l'Enfant Jésus. Trois pièces d'après Spada, Flinck et Hondhorst.

MULLER (J. G.).

301. Louis XVI, en manteau royal, d'après Duplessis. Très-belle épreuve.

302. Wille (J.-G.), célèbre graveur, d'après Greuze. Belle épreuve.

MULLER (F.).

303. La Madone de Saint-Sixte, d'après Raphaël. Superbe épreuve avant la retouche.

304. Saint Jean l'Évangéliste, d'après le Dominiquin. Superbe épreuve avec la date de 1808, avec toute sa marge.

MULLER (J.-G.-V.).

305. Portraits de L. Graff. — Antoine Graff. — Schiller. Trois portraits, d'après Graff.

MULLER (G.-A.), LAURIN, LEICHER, etc.

306. Portraits, paysages, sujets religieux et allégoriques. Huit pièces. Belles épreuves.

NANTEUIL (ROBERT).

307. Bellièvre (Pompone de), président au Parlement de Paris (R. D. 37). Bonne épreuve.

308. Bouillon (Emmanuel-Théodose de La Tour d'Auvergne, cardinal de) (R. D.). Très-belle épreuve du premier état.

309. Fieubet (Gaspard de), premier président du Parlement de Toulouse (R. D. 96).— Le Vayer (François de La Mothe), conseiller d'État (R. D. 143). Deux pièces. Belles épreuves.

310. Gillier (Melchior de), maître d'hôtel du Roi (R. D. 102). Hesselin (Louis), conseiller d'État, maître de la chambre aux Deniers. Deux portraits. Très-belles épreuves.

311. Louis XIV, roi de France (R. D. 153). Belle épreuve du premier état.

NANTEUIL (ROBERT).

312. Servien (François), évêque de Bayeux (R. D. 225). Très-belle épreuve du premier état.

313. Portraits de Colbert. — Michel Le Masle. — Mazarin. — Hesselin. — O. Talon. — G. de Lamoignon. — Steenberghen. Sept pièces. Bonnes épreuves.

NEEFS (J.) et MARINUS.

314. Le Satyre chez le Paysan. — Le Martyre d'une sainte. — L'Adoration des Bergers. Trois pièces, d'après Jordaens. Très-belles épreuves.

ORME et BARTOLOZZI.

315. Le Marquis de Cornwallis reçoit dans sa tente les envoyés de Tippo-Saïb. — L'Échange du traité de paix. Deux pièces, d'après Brown.

PATER (D'après J.-B.).

316. Le Plaisir de l'été. — Le Désir de plaire. Deux pièces faisant pendant, gravées par L. Surugue. Superbes épreuves à toutes marges.

317. L'Amour et le Badinage. — Les Amants heureux. Deux pièces gravées par Fillœul. Superbes épreuves à toutes marges.

318. La Belle Bouquetière. — L'Agréable société. Deux pièces gravées par Fillœul. Superbes épreuves à toutes marges.

319. L'Officier galant, par Le Bas. Très-belle épreuve à toute marge.

320. Suite de quinze estampes pour le Roman comique, gravées par Cochin, Surugue, Scotin et autres. Superbes épreuves à toutes marges.

PATER (D'après J.-B.).

321. Sept pièces doubles de la suite précédente. Superbes épreuves à toutes marges.

PAVON et **PETRAK**.

322. La Vierge et l'Enfant Jésus. — La Communion de saint Jérôme. — Paysages. Quatre pièces, d'après Carrache, le Dominiquin et autres.

PENTCZ (G.).

323. Les six Triomphes décrits par Pétrarque. Suite de six estampes (B. 117-122). Belles épreuves.

PESNE et **PICART**.

324. Evanouissement d'Esther, d'après N. Poussin. — La Défaite de Porus, d'après Le Brun. Deux pièces.

PLOOS VAN AMSTEL (C.).

325. Fac-simile de dessins reproduits en couleur et à la manière du lavis, d'après les principaux maîtres hollandais, par Ploos van Amstel. Suite de quarante-cinq pièces et un titre. Exemplaire de choix renfermé dans un portefeuille.

POILLY et **PICART**.

326. Sainte Famille. — Concert de musique. — Sainte Cécile. — La Descente de croix, etc. Cinq pièces, d'après Raphaël, le Dominiquin et Le Brun.

PONTIUS (P.).

327. Thomiris faisant plonger la tête de Cirus dans un bassin plein de sang humain. — Saint Roch intercédant pour les pestiférés. — Le Portement de croix. — Trois pièces, d'après Rubens. Belles épreuves.

328. Le Massacre des Innocents, d'après Rubens. Deux épreuves.

PONTIUS (P.).

329. Le Roi boit, d'après Jordaens. Bonne épreuve.

PORPORATI.

330. Le Coucher, d'après J. Vanloo. — Suzanne au Bain, d'après Santerre. Deux pièces. Belles épreuves.

RAHL (C.).

331. Têtes de Christ et de Vierge. — La Vierge et l'Enfant Jésus. — Sainte Justine. — Sainte Cécile. — Diseuse de bonne aventure. — Vénus au bain. — Sainte Marguerite, etc. Onze pièces, d'après Raphaël, le Dominiquin, Pordenone et Guido Reni.

REINDEL et RUSCHEWEYH.

332. Saint Pierre, saint Jean, saint Marc et saint Paul. — Châsse de saint Sébalde, à Nuremberg. — Élie. — Élisée. — Jésus au milieu des docteurs, etc. Sept pièces, d'après Durer, Overbeeck et autres.

REMBRANDT (Paul Van Ruyn).

333. Portrait de Rembrandt tenant un sabre (B. 18). Bonne épreuve.

334. Portrait de Rembrandt au bonnet orné d'une plume (B. 20). Belle épreuve.

335. L'Ange qui disparaît devant la famille de Tobie (B. 43). — La Petite tombe (B. 67). — La Chasse au lion (B. 114). Jésus disputant avec les docteurs de la loi (B. 65). — Vénus au bain (B. 201). Cinq pièces.

336. La Circoncision (B. 48). Belle épreuve avec marge.

337. Résurrection de Lazare (B. 73). Belle épreuve.

338. Le grand Ecce Homo (B. 77). Belle épreuve.

REMBRANDT (Paul Van Rhyn).

339. Le Vendeur de mort-aux-rats (B. 121). Très-belle épreuve.

340. Sous ce numéro, il sera vendu vingt-six pièces de l'œuvre de Rembrandt en originaux et en copies.

RICCIANI, RIVERA, ROVIGHI et RYDER.

341. La Flora di Tiziano. — La Cène. — Le Christ descendu de la croix. — Tobie recouvrant la vue. — La Madeleine. Cinq pièces, d'après L. de Vinci, Malatesta, Guido Reni, West et Titien.

RICHOMME et DIEN.

342. La Sainte Famille, d'après Raphaël. Très-belle épreuve.

ROMANET, PIROLA, NUSFER, etc.

343. Vénus et l'Amour. — La Vocation des apôtres saint Jacques et saint Jean. — Omnis spiritus laudet Dominum! Alleluia! — Sujets tirés de la galerie de Dresde, etc. Neuf pièces, d'après Zustris, Guerchin, Overbeeck, Jordan, Mintrop, Pesne et Van Dyck.

SAENREDAM.

344. Diane découvrant la grossesse de Calisto, d'après P. Morelse. Très-rare épreuve avant le nom du peintre.

SCHAEFFER (E.).

345. Roméo et Juliette. — Orphée et Pluton. — Sujet allégorique. Trois pièces, d'après Cornélius et Nehr. Belles épreuves. Deux sont sur chine.

SCHLEICH (A.).

346. Sainte Marie. — La Diseuse de bonne aventure. — The Song of The Bell, etc. Cinq pièces, d'après Boulton Kirner, Hess et Kaulbach. Le Songe est double avec texte anglais et allemand. Belles épreuves.

SCHIAVONETTI (L.).

347. La Séparation de Louis XVI de sa famille. — Discours de Louis XVI à la barre de la Convention. — Dernière entrevue de Louis XVI avec sa famille. — Louis XVI montant à l'échafaud. Quatre pièces, d'après Benazeck. Très-belles épreuves avec le trait explicatif.

SCHIAVONI (N.).

348. L'Assomption de la Vierge, d'après le Titien. Superbe épreuve avec toute sa marge.

SCHMIDT (G.-F.).

349. Caylus (Charles-Gabriel de Tubières de), évêque d'Auxerre, d'après Fontaine (40). Belle épreuve avec marge.

350. Louis de La Tour-d'Auvergne, comte d'Évreux, d'après Rigaud (42). Belle épreuve.

351. Maurice Quentin de La Tour, peintre, d'après lui-même (50). Belle épreuve.

352. Daniel le Chambrier (51). Belle épreuve.

353. Pierre Mignard, premier peintre du roi, d'après Rigaud (59). Belle épreuve.

354. Frédéric le Grand, roi de Prusse, d'après A. Pesne (62). Belle épreuve.

355. Anhalt-Bernbourg (Christian-Auguste d'), d'après Antoine Pesne (66). Belle épreuve.

356. Antoine Pesne, d'après lui-même (69). — Frédéric de Gornes (70). Deux pièces. Belles épreuves.

357. Marie Joséphe, reine de Pologne, d'après L. de Silvestre (72). Belle épreuve.

SCHMIDT.

358. Grapendorf (Louise-Albertine de Brandt, baronne de), d'après Le Sueur (74). Belle épreuve.

359. Portrait de la Mettrie (76). Belle épreuve.

360. Esterhasy (Nicolas), ambassadeur d'Autriche, d'après L. Tocqué (78). Très-belle épreuve avant le burin, gravé au bas de la droite de l'encadrement.

361. Le même portrait. Très-belle épreuve avec le burin.

362. Le Comte Rasumowsky, d'après Tocqué (83). Très-belle épreuve. Rare.

363. Daniel Splitgerber, d'après Falbe (87). Belle épreuve.

364. Frédéric-Henry Louis, prince de Prusse, d'après A. Van-loo (88). Très-belle épreuve.

365. Buste d'un vieillard, d'après Rembrandt (112). — Buste d'un Oriental (114). — Tête d'un vieillard (115). — Un Vieillard habillé en Persan (120). Quatre pièces. Très-belles épreuves.

366. La Juive fiancée, d'après Rembrandt. — Le Père de la fiancée réglant sa dot, d'après Rembrandt (128-129). Très-belles épreuves.

367. Le Buste d'un homme du moyen âge, d'après G. Flinck (125). — Buste d'un homme à tête nue (127). — Buste d'un vieillard, d'après G. Flinck (131). Trois pièces. Très-belles épreuves.

368. Portrait de Schmidt dessinant (134). — Portrait de Mme Schmidt en couseuse (135). Deux pièces. Très-belles épreuves.

369. Le Prince de Gueldre menaçant son père emprisonné d'après Rembrandt (137). Très-belle épreuve.

SCHMIDT.

370. Portrait du docteur Lieberkühn (138). — Buste de J. J. de Schouwalow (143). — Portrait du juif Hirsch-Michel (144). Trois pièces. Belles épreuves.

371. Portrait de Schmidt avec l'araignée (141). — Portrait de Mme Schmidt (142). Deux pièces. Très-belles épreuves.

372. La Mère de Rembrandt (145). — Portrait de Rembrandt jeune (150). — Autre portrait de Rembrandt plus âgé (151). Trois pièces d'après Rembrandt. Très-belles épreuves.

373. Le prince d'Orange, Guillaume second, à qui Cats explique un trait de l'histoire de ses ancêtres, d'après Flinck (152). Superbe épreuve.

374. Deux Fumeurs, d'après Ostade (160). Superbe épreuve.

375. Buste de la Vierge, d'après Sasso Ferrato (163). Belle épreuve.

376. La Résurrection de la fille de Zaïre, d'après Rembrandt (165). — La Présentation au Temple, d'après Dietricy (167). — Le Philosophe dans sa grotte, d'après Rembrandt (166). Trois pièces. Très-belles épreuves.

377. La Grandeur d'âme d'Alexandre envers son médecin Philippe (168). — Timoclée justifiée par Alexandre (169). Deux pièces d'après A. Carrache. Belles épreuves.

378. Lot avec ses filles, d'après Rembrandt (173). Superbe et très-rare épreuve avant la lettre.

379. Sara donne sa servante Agar pour femme à Abraham, d'après Dietricy (175). — Le vieux Tobie raillé par sa femme, d'après Rembrandt (177). Deux pièces. Très-belles épreuves.

SCHMIDT (J.-L. et H.), SCHENKER et autres.

380. Les Brigands italiens. — La Vierge et l'enfant Jésus, portraits, etc. Cinq pièces d'après C. Dolci, Raphaël, Dobyas-Chofsky et autres. Belles épreuves.

SCHMUZER.

381. Saint Ambroise et Théodose le Grand. — Neptune et Thétis. — Mucius Scévola se brûlant la main droite en présence de Porsenna. Trois pièces d'après Rubens. Belles épreuves.

382. François Ier, empereur d'Autriche. — Marie-Thérèse, impératrice d'Autriche. Deux portraits in-fol. d'après Ducreux et Liodart. Belles épreuves.

83. Kaunitz-Rietberg. (W. Ant. comte de). Trois portraits différents d'après Tocqué, Steiner et Hagenauer.

384. Dietricy, célèbre peintre. Très-rare épreuve avant la lettre.

SCHMUTZER et SCHULTZE.

385. Loups-Cerviers à la chasse des bouquetins et des chamois. — La Madone de Saint-Sixte. — La Madeleine. — Catherine Cornaro, reine de Chypre. Quatre pièces d'après Raphaël, Battoni et Pardenone.

SCHONGAUER (Martin).

386. Le Portement de croix (B. 21). Bonne épreuve.

SCHULTHEISS (A.).

387. Le Christ descendu de la croix. — Arrestation des fils de Manfred. — Le Portement de croix, sujets de genre, etc. Sept pièces d'après Pérugin, Engerth, Mozet, Fuhrich, Schuz et Rhomberg. Belles épreuves.

SHARP (W.).

388. Repos en Égypte, d'après sir Josua Reynolds. Superbe épreuve avant la lettre.

389. Sainte Cécile, d'après le Dominiquin. — La Vierge et l'Enfant Jésus, d'après C. Dolci. Deux pièces. Belles épreuves.

390. La Prise de Gibraltar, d'après J. Trumburll. Très-belle épreuve avant la lettre.

391. Trois portraits de Charles Ier, gravés sur une même planche d'après Van Dyck. Belle épreuve.

SONNENLEITER (V.J.) et STOBER.

392. L'Arrestation des fugitifs. — La Lecture du Roman. — Portrait de femme. Trois pièces d'après Kurzbauer et Danhauser. Belles épreuves.

STEINLA (M.) et STEIFENSAND.

393. Le Massacre des Innocents. — Jésus tenté par le démon. — Les Bergers. — Frédéric II et Pierre de Vineis. Quatre pièces d'après Raphaël, Titien, Bendemann et Schrader.

STEINMULLER (J.).

494. La Vierge avec l'enfant et deux saintes, d'après Pérugin. — La Vierge du Belvédère à Vienne, d'après Raphaël. Deux pièces. Très-belles épreuves.

STOBER.

395. Les Débauchés. — Jugement de Salomon. — La Lecture du testament. — Allégorie sur l'Autriche. — Sainte Catherine de Sienne. — Portrait du duc de Reichstadt, etc. Neuf pièces d'après Rieder, Kupelvieser, Danhauser, Frihrich, Krafft, Waldmüller et Ender. Très-belles épreuves.

STRANGE (Robert).

396. Sainte Cécile, d'après Raphaël. — Sainte Famille, connue sous le nom de Saint-Jérôme, d'après le Corrége. Deux pièces faisant pendant. Belles épreuves.

397. Joseph et la femme de Putiphar. — Esther devant Assuérus. — Agar renvoyée par Abraham. — Trois pièces d'après Guido Reni et le Guerchin. Belles épreuves.

398. — Cléopâtre. — La sainte Vierge. — L'Ange de l'Annonciation. Quatre pièces dont une double, d'après Guido Reni. Belles épreuves.

399. Vénus et Danaé. Deux pièces faisant pendant, d'après Titien. Superbes épreuves.

400. Charles Ier en manteau royal, d'après Van Dyck. Très-belle épreuve.

401. Charles Ier, debout près de son cheval que tient un écuyer. — Henriette-Marie, reine d'Angleterre, et ses enfants. Deux pièces d'après Van Dyck. Belles épreuves.

SUYDERHOEF (Jonas).

402. Les Paysans sous la treille, d'après Ostade. Belle épreuve du deuxième état avant l'adresse de Clément de Jonghe.

403. La Rixe, d'après A. Van Ostade. Très-belle épreuve du troisième état avec l'adresse de Clément de Jonghe.

404. Les Bourgmestres d'Amsterdam recevant un envoyé de Marie de Médicis, d'après Keyser. — La Paix de Munster, d'après Terburg. Deux pièces. Belles épreuves.

405. Éléazar Swalm. — Gilles de Glarges. Deux portraits in-fol. d'après Rembrandt et Mierevelt. Très-belles épreuve de premiers états.

SUYDERHOEF et SOUTMAN.

406. La Chute des reprouvés. — La Chasse au lion. Deux
pièces d'après Rubens. Belles épreuves.

SWANEVELT (H.).

407. Paysages. Six pièces.

TARDIEU (A.).

408. Marie-Antoinette, reine de France, d'après F. Dumont.
Très-belle épreuve avec marge.

TCHEMESOW.

409. Élisabeth, impératrice de Russie, d'après Tocqué. Très-
belle épreuve. Rare.

THATER.

410. L'entrée de l'empereur Barberousse dans Milan. — La
Rencontre de l'empereur Barberousse et d'Alexandre III à
Venise. Sujets divers. Dix pièces d'après Cornélius, Kaulbach, Schwind et Schnorr. Très-belles épreuves. Deux pièces sont doubles.

TOSCHI (P.)

411. Le portement de croix, d'après Raphaël. — La Descente
de croix, d'après Daniel de Volterre. Deux pièces faisant
pendant. Très-belles épreuves.

412. Madonna della tenda, d'après Raphaël. Belle épreuve.

ULIET (J.-G. Van).

413. Saint Jérôme, d'après Rembrandt (B. 13). Belle épreuve.

UNGER (W.).

414. Venise rendant hommage à Catherine Cornaro, d'après
Makart. — Saint Ildéfonse, d'après Rubens. Deux pièces.
Très-belles épreuves dont une sur chine.

VANLOO (D'après C.).

415. Les Baigneuses, par Lempereur. Superbe épreuve avant toutes lettres, avec toute sa marge.

VERBOECKHOVEN.

416. Études d'animaux, à l'eau-forte. Huit pièces.

VISSCHER (C. de).

417. La Vierge et l'Enfant Jésus au milieu d'une gloire d'anges, d'après Rubens. Superbe épreuve.

418. La Fricasseuse ou faiseuse de beignets. Très-belle épreuve avant l'adresse de Clément de Jonghe. Elle est doublée.

419. Le Marchand de mort-aux-rats. Très-rare et belle épreuve avant la lettre.

420. La Bohémienne. Superbe épreuve du deuxième état avant le nom du maître dans le haut de la droite, elle est rognée au trait carré.

421. Le Joueur de vielle, accompagné de cinq enfants, d'après Ostade. — La Bohémienne. Deux pièces. Belles épreuves.

422. L'Antiquaire, d'après le Corrége. Très-belle épreuve.

423. Gellius de Bouma, ministre de l'Évangile à Zutphen. In-fol. Bonne épreuve.

424. Pierre Scriverius, de Harlem, d'après Soutman. Très-rare épreuve du second état, avec la faute au mot Hæc, écrit Hac.

425. Philippe II, roi d'Espagne. — Le grand Chat. — Portrait de J. Laffius, gravé par J.-V. Velde. Trois pièces.

VORSTERMAN (L.).

426. La Nativité. — L'Adoration des mages. Deux pièces in-folio en hauteur, d'après Rubens. Belles épreuves.

427. L'Adoration des mages. Grande pièce en largeur, d'après Rubens. — Des Pèlerins en adoration devant la Vierge, d'après Michel-Ange de Caravage. Deux pièces. Belles épreuves.

428. Le Combat des Amazones, d'après Rubens. Ancienne épreuve.

429. Le Connétable de Bourbon, d'après le Titien. Très-belle épreuve.

VOLPATO (J.).

430. Le Christ en croix, d'après Guido Reni. — Dieu ordonnant à Noé de bâtir l'arche, d'après N. Poussin. Deux pièces.

VOLPATO et MORGHEN.

431. Les Stances peintes par Raphaël dans les deuxième, troisième et quatrième chambres de la signature, au Vatican. Suite de huit estampes. Très-belles épreuves avec légende explicative.

WAGNER.

432. L'Arche de Noé. — Portrait de H. Holzschuher, d'après Durer, etc. Quatre pièces. Belles épreuves.

WAGNER, WEBER et WALTHER.

433. Anne, impératrice de Russie. — Gitanos espagnols. — Portail de la cathédrale de Nuremberg, etc. Cinq pièces d'après Amiconi, Artaria, Kreul et Durer.

WATTEAU (Ant.).

434. Les Comédiens italiens, gravé à l'eau-forte par Watteau et terminé au burin par Simonneau. Belle épreuve.

WATTEAU (D'apès Ant.).

435. L'Embarquement pour Cythère, par Tardieu. Belle épreuve manquant de conservation.

436. Assemblée galante, par Lebas. Superbe épreuve, avec une grande marge.

437. Le Bosquet de Bacchus, par C.-N. Cochin. Superbe épreuve à toute marge.

438. Les Amusements de Cythère, par L. Surugue. Très-belle épreuve, avec marge.

439. L'Ile enchantée, par J.-P. Le Bas. Superbe épreuve, avec marge.

440. Louis XIV mettant le cordon bleu à Monsieur de Bourgogne, père de Louis XV, par N. de Larmessin. Très-belle épreuve.

441. *Coquettes qui pour voir galans au rendez-vous...* — *Sous un habit de Mezetin.* Deux pièces gravées par Thomassin. Belles épreuves, avec marges.

WATERLOO (A.).

442. Paysages. Deux pièces. Belles épreuves.

WILLE (J.-G.).

443. Agar présentée à Abraham par Sara, d'après Dietricy. Deux belles épreuves.

444. La Mort de Cléopâtre. — Les Bons amis. — La Mort de Marc-Antoine. Trois pièces d'après Netscher, Ostade et Battoni. Belles épreuves.

445. Le Concert de famille, d'après Schalken. Très-belle épreuve.

446. L'Instruction paternelle, d'après Terburg. Belle épreuve.

447. Les Musiciens ambulants, d'après Dietricy. Très-belle épreuve, avec marge.

WILLE (J.-G.).

448. Les Offres réciproques, d'après Dietricy. Très-belle épreuve avant l'accent sur l'a dans Dédié à..., avec marge.

449. Le Maréchal-des-Logis, d'après P.-A. Wille. Très-belle épreuve avant la dédicace, avec marge.

450. La Tricoteuse hollandaise. — Ménagère hollandaise. Deux pièces d'après Mieris et G. Dow. Belles épreuves, avec marges.

451. La Petite Écolière. — La Maîtresse d'école. Deux pièces d'après Schenau et P.-A. Wille. Belles épreuves, avec marges.

452. L'Observateur distrait. — Jeune joueur d'instrument. — Repos de la Vierge. Trois pièces d'après Mieris, Schalken et Dietricy. Belles épreuves.

452. La Tante de Gérard Dow. — Le Petit Physicien. Deux pièces d'après G. Dow et Netscher. Belles épreuves, avec marges.

454. La Cuisinière hollandaise. — Gazetière hollandaise. Deux pièces d'après Metzu et Terburg. Belles épreuves.

455. Bonne Femme de Normandie. — Sœur de la bonne femme de Normandie. Deux pièces d'après P.-A. Wille. Belles épreuves.

456. Bonne Femme de Normandie, d'après P.-A. Wille. Très-belle épreuve, avec marge.

457. La Dévideuse. — La Liseuse. Deux pièces d'après G. Dow. Belles épreuves.

458. Les Délices maternelles. — Les Soins maternels. Deux pièces d'après P.-A. Wille. Belles épreuves, avec marges.

459. Sapeur des Gardes-Suisses. — Philosophe du temps passé. — Costumes. Quatre pièces d'après Wille et Parrocel.

WILLE (J.-G.).

460. Fouquet de Belle-Isle (Charles-Louis-Auguste), duc de Gisors, d'après Rigaud. In-folio. Belle épreuve.

461. Frédéric II, roi de Prusse, d'après Pesne. In-folio. Belle épreuve.

462. Lowendal (Woldemar de), maréchal de France, in-fol., d'après de La Tour. Belle épreuve.

463. Marigny (Abel-François Poisson, marquis de), d'après L. Tocqué. In-fol. Très-belle épreuve.

464. Massé (Jean-Baptiste), célèbre peintre, d'après L. Tocqué. In-fol. Belle épreuve.

465. Saint-Florentin (Louis Philippeaux, comte de), d'après Tocqué. In-fol. Deux belles épreuves.

WOOLLET (W.).

466. Les Chasses. Suite de quatre estampes d'après G. Stubbs. Belles épreuves.

467. La Mort du général Wolff. — La Bataille de la Hogue. Deux pièces d'après B. West. Belles épreuves.

468. Phaéton. — La Pêche. — Solitude. — Le Temple d'Apollon. Quatre pièces d'après Wilson, Wrigt et Cl. Gelée. Belles épreuves.

ZIMMERMANN, ZITEK et ZULIANI.

469. Saint Pierre et saint Jean guérisant les malades. — Martyre de saint Pierre. — L'Automne. Trois pièces d'après Wichman, Fuhrich's et Titien. Belles épreuves.

ZOPELLARI.

470. La Vierge et l'Enfant Jésus, d'après Bellini. Belle épreuve avant la lettre.

471. Sous ce numéro, il sera vendu un grand nombre d'estampes de toutes les écoles anciennes et modernes. Portraits, livres à figures, etc.